Este libro está dedicado a mis hijos - Mikey, Kobe y Jojo.

Copyright © 2023 Grow Grit Press LLC. Todos los derechos reservados. Ninguna parte de este libro puede ser reproducida en ninguna forma sin el permiso por escrito de la editorial. Por favor, envie solicitudes de pedido al por mayor a growgritpress@gmail. com Impreso y encuadernado en los Estados Unidos. NinjaLifeHacks.tv
Tapa blanda ISBN: 978-1-63731-496-8 Tapa dura ISBN: 978-1-63731-497-5

Ninja Life Hacks™

La Ninja Celosa

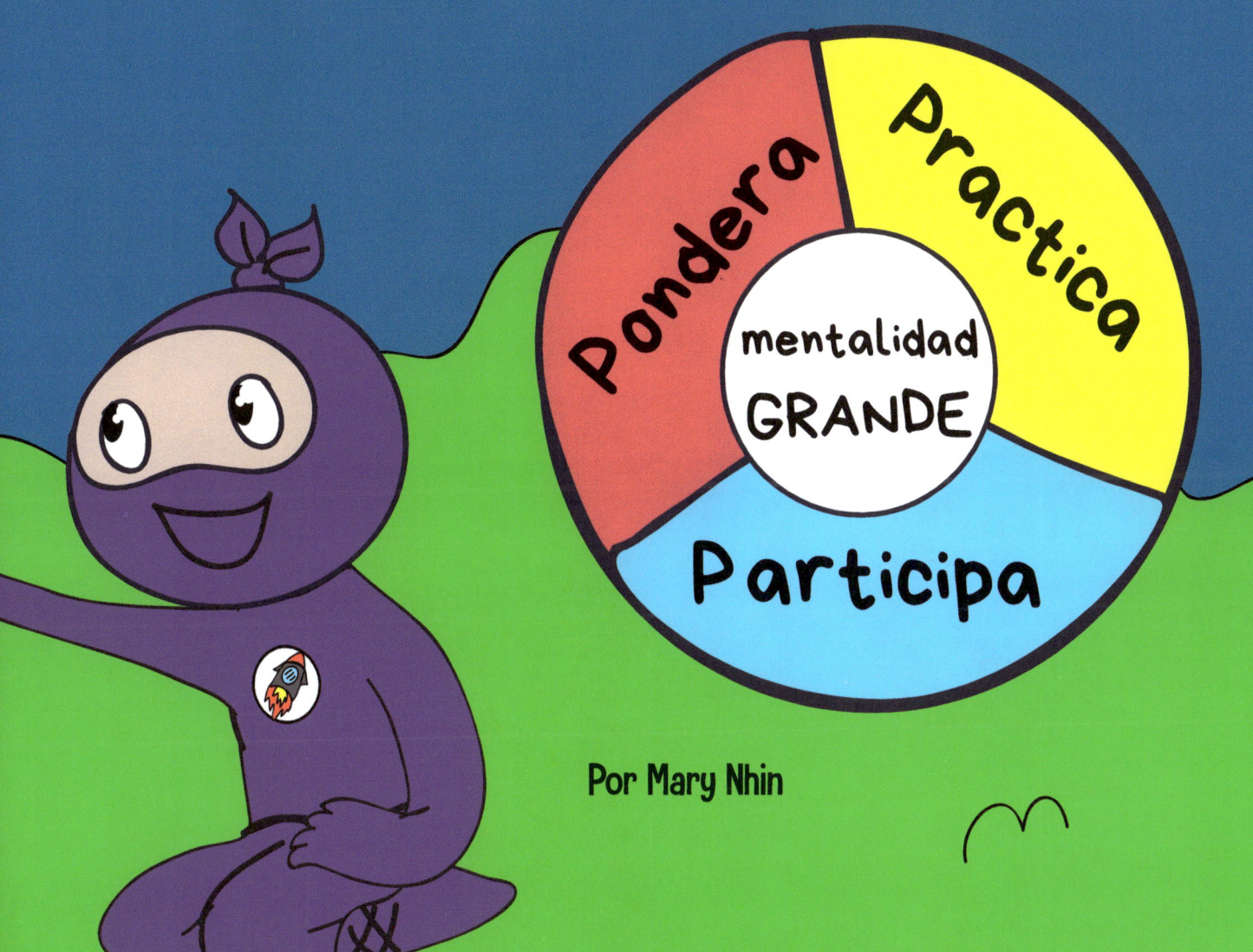

Por Mary Nhin

¿Alguna vez has sentido celos?

Tal vez te volviste todo de color verde por el monstruo de ojos verdes conocido como- celos.
No, ¿nunca?

¡Bueno, a mí me pasó!

—¿Tienes una patineta nueva para tu cumpleaños? —pregunté.

—¡Sí! ¿No es lo más genial de la historia? —contestó mi hermano.

Miré hacia abajo, tristemente. De hecho, pensé que era la cosa más genial de la historia, y quería una tan desesperadamente, también.

Me volví un poco verde de celos.

Más tarde ese día, yo estaba practicando baloncesto cuando mi amigo recibió un cumplido de nuestro entrenador.

¡Mira, entrenador! Yo también puedo hacerlo.

Pero el entrenador apenas me miró.

¿Por qué mi amigo estaba recibiendo toda la atención?

Me sentí muy celoso y me volví un poco más verde.

En casa, fui a buscar a mi papá, que estaba preparando la cena.
-Estoy aburrida -anuncié.

Mi papá me miró.

No quería.

-¿No puedo hacer otra cosa? -pregunté-. ¿No podemos jugar al ajedrez?

-Ahora no, Ninja Celosa -dijo mi papá. Estoy preparando la comida.

Justo entonces, mi hermano entró.

-Hola, papá. ¿necesitas ayuda con esas papas? -preguntó mi hermano.

-Sí hijo, por favor -contestó mi papá con una sonrisa.

Me sentí enojada. ¡Papá no me había sonreído! Empujé a mi hermano a un lado.

-Voy a pelar las papas -dije malhumorada.

-Genial -dijo mi hermano -. Yo haré las zanahorias.

—Mi héroe —dijo papá. A MI HERMANO.

Mi hermano y mi padre siempre parecían tan felices juntos.

El pensar en esto me hizo volverme súper verde de la envidia.

Les expliqué todo lo que me había salido mal.

¿Por qué a los demás no les gusta tenerme cerca?

Hay dos tipos de mentalidad – PEQUEÑA y GRANDE. Practico una mentalidad GRANDE.

Una mentalidad GRANDE es la creencia de que hay más que suficiente para todos.

Para tener una mentalidad GRANDE, podemos practicar las 3 Ps:

Pondera a los demás.

Practica la gratitud por lo que tenemos.

Participa en la diversión, también.

En contraste, una mentalidad PEQUEÑA cree que no hay suficiente para todos – juguetes, atención, amor. Enfoca la energía en lo que no tenemos en lugar de tener gratitud por lo que sí tenemos.

Una mentalidad PEQUEÑA cree que, si una persona gana, la otra persona pierde. Mientras que, una mentalidad GRANDE trata de encontrar soluciones de ganar-ganar para todos.

Pondera a los demás.

Más tarde esa semana, La Ninja Motivada me vio en la entrada con mi hermano y nuestro papá.

Le mostrábamos a nuestro papá nuestros nuevos trucos, y nos reíamos y nos divertíamos.

—¡Buen trabajo! —le dije a mi hermano.

Practica la gratitud por lo que tenemos.

Estaba agradecido de tener una patineta. A pesar de que era vieja, era confiable.

Participa en la diversión, también.
Sólo porque mi hermano tuviera una nueva y nítida no significaba que no pudiéramos divertirnos.

Me acerqué a la Ninja Motivada que me había preguntado cómo me sentía.

Justo en ese momento, mi hermano me deslizó su patineta para que pudiera probarla. ¡Salté felizmente!

El recordar tener una mentalidad GRANDE practicando las 3 Ps podría ser tu arma secreta contra los celos.

¡Visita ninjalifehacks.tv para obtener imprimibles divertidos gratis!

 @marynhin   @officialninjalifehacks   Ninja Life Hacks
#NinjaLifeHacks
 Mary Nhin   Ninja Life Hacks    @officialninjalifehacks

mentalidad GRANDE

Pondera · Practica · mentalidad GRANDE · Participa

→ Pondera
→ Practica
→ Participa

mentalidad PEQUEÑA

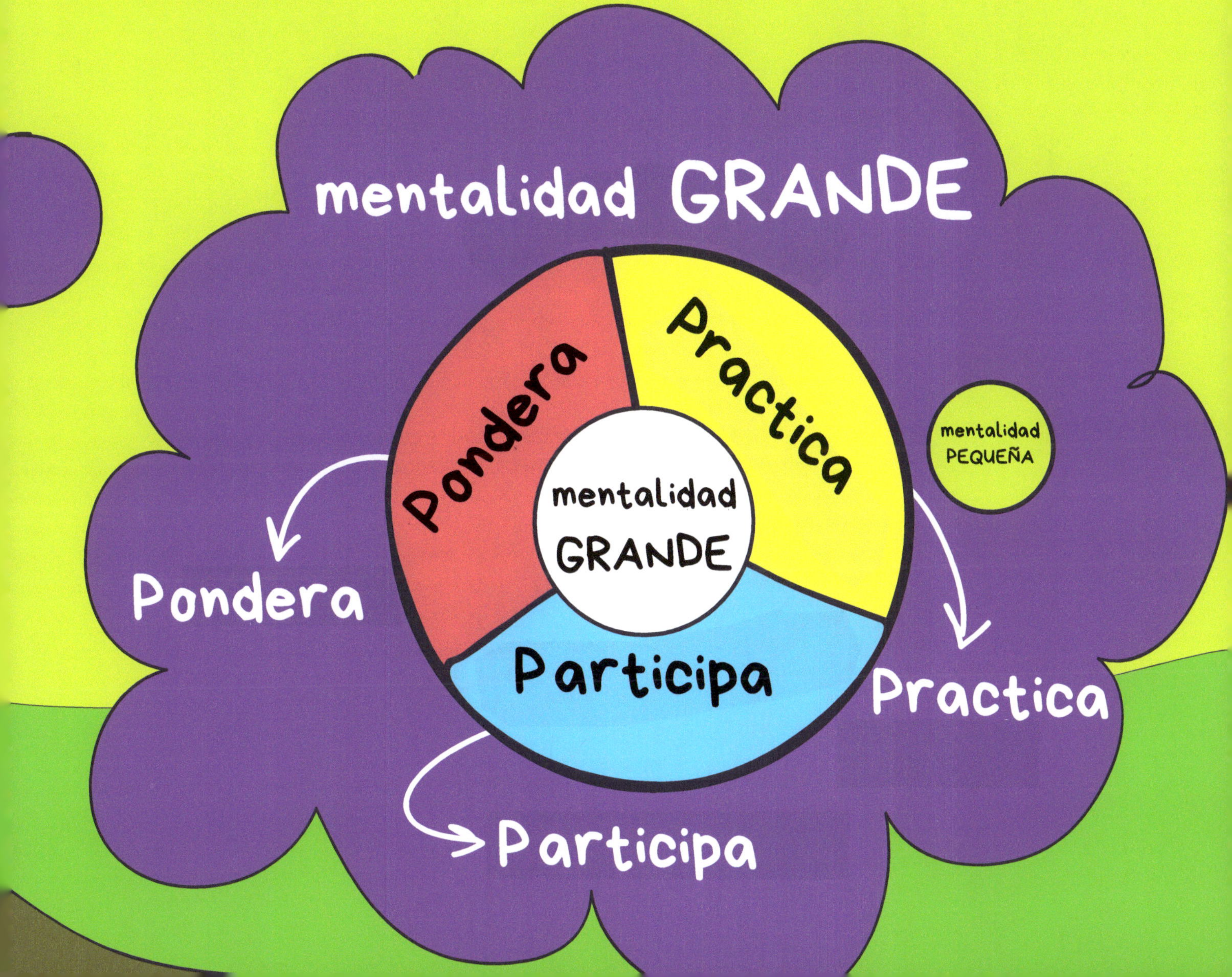

www.ingramcontent.com/pod-product-compliance
Lightning Source LLC
Chambersburg PA
CBHW041524070526
44585CB00002B/75